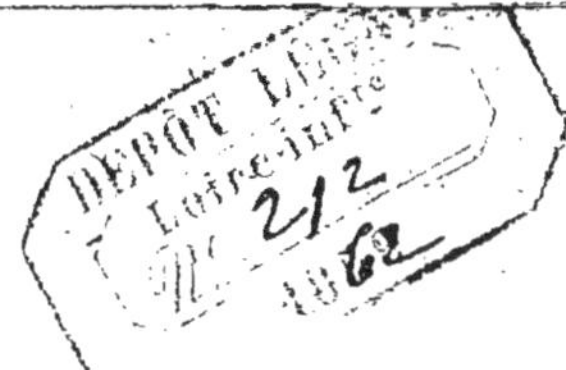

M. VARSAVAUX.

PAROLES

PRONONCÉES

PAR M. RENOUL,

MAIRE DU LOROUX-BOTTEREAU,

SUR LE CERCUEIL

DE M. VARSAVAUX,

ANCIEN DÉPUTÉ, CHEVALIER DE LA LÉGION-D'HONNEUR,

Au moment de sa translation à Nantes, le 23 Juin 1862.

MESSIEURS,

Avant de nous séparer de la dépouille mortelle de l'honorable M. Varsavaux, permettez-moi de déposer sur son cercueil, au nom de tous nos habitants, les regrets qu'a causés parmi nous la mort de cet homme de bien. D'autres voix plus éloquentes que la mienne diront les services qu'il a rendus à son pays, dans des temps difficiles, services qui lui méritèrent la croix de la Légion-d'Honneur, qui ne brilla jamais sur un cœur plus généreux.

1

Je me bornerai à vous parler du bien que M. Varsavaux a fait dans notre pays où il avait fixé, depuis longtemps, sa résidence et qu'il affectionnait beaucoup. Vous connaissez tous sa bienveillance, son désir d'être utile; chacun de vous sait combien il était serviable, avec quel zèle il employait son influence et celle de ses amis pour rendre service à ceux qui s'adressaient à lui. Vous vous rappelez son affabilité, sa charité pour ses voisins malades, leur distribuant tous les secours dont il pouvait disposer et accueillant toujours avec bonté les indigents qui avaient recours à lui. Vous savez tous quelle ardeur il mettait pour apaiser les différends dans les familles et les bons conseils qu'il donnait pour arranger les contestations. Nous pouvons bien dire de lui ce qu'on a dit de l'Homme-Dieu : « Il a passé parmi nous en faisant le bien, *pertransivit benefaciendo.* »

Dieu, dans sa miséricorde, lui a sans doute donné la récompense due à tant et de si belles vertus.

Nous eussions été heureux de garder parmi nous les restes mortels de M. Varsavaux que ses enfants se disposent à nous enlever pour les réunir à ceux des autres membres de la famille.

Nous n'en conserverons pas moins le bon souvenir de ses bienfaits. Il restera à jamais gravé dans nos cœurs. Adieu donc, cher monsieur Varsavaux, adieu! adieu!

DISCOURS

PRONONCÉ PAR

M. DE LA GIRAUDAIS PÈRE

SUR LA TOMBE

DE M. VARSAVAUX.

Messieurs,

Ici doivent expirer les dernières vanités et les complaisants éloges. La tombe ne doit inspirer et entendre que des paroles consacrées par la vérité.

C'est à ce titre que celui qui réunit et confond ici nos sympathies respectueuses et nos regrets recevra le dernier honneur de sa vie.

Son nom rappelle une longue et lointaine série de générations éminentes. L'aïeul de M. Varsavaux de Henlée, profond jurisconsulte et remarquable conseiller du roi, nous a transmis sur les Communes Bretonnes cet important ouvrage qui présageait leur émancipation, et qui concourut si puissamment à la conservation de leurs droits.

Son père, député de la Commune de Nantes et de la Province, député suppléant aux États-Généraux, laissa à ses enfants l'héritage, accepté, du dévouement le plus vertueusement patriotique. Permettez-moi de rappeler un touchant épisode de sa noble biographie. Il venait d'obtenir pour la Bretagne une représentation plus étendue aux États-Généraux, lorsque sa famille s'augmenta d'un nouvel enfant. La ville de Nantes alors saisit cet événement pour manifester, par explosion, sa reconnaissance. Le corps municipal tout entier, agissant encore au nom des députés aux États-Généraux, voulut être le parrain de cet enfant, devenue Madame du Champ-Renou; il voulut l'adopter en lui donnant le nom de la ville de *Nantes;* et j'affaiblirais le sentiment qui inspira cet honneur, sans antécédent dans nos annales, si je ne vous reproduisais le texte de ce glorieux acte de naissance : « pour donner, dit cet acte, au père de l'enfant » un gage authentique et inaltérable de la reconnaissance due » à son zèle, au sacrifice de ses intérêts propres au bien public, » et à son infatigable persévérance aux pieds du Trône, qui ont » obtenu au Peuple Breton la représentation qu'il désirait aux » États-Généraux du royaume. »

On se croirait, Messieurs, reporté à ces temps antiques où le citoyen utile et dévoué recevait, par acclamation, la couronne civique ! Ces lignes sont les grandes lettres de noblesse de cette famille, qui les a pieusement recueillies, et qui était alors, qui a été depuis, et qui sera toujours si digne d'en porter et d'en enrichir l'écusson !

Plus tard, les mâles vertus de M. Varsavaux de Henlée l'inscrivirent sur la liste des 132 otages qui, pour le salut de Nantes, acceptèrent le voyage de Paris, qui ne leur offrait que la perspective de l'échafaud ! Et si la Providence, en suscitant le 9 thermidor, brisa la palme du martyre, du moins elle conserva celle d'un héroïque dévouement.

Enfin, M. César Varsavaux de Henlée, que nous pleurons, continua ces enseignements et ces traditions. Il y avait puisé l'intelligence et l'énergie du cœur. Il s'honora de parcourir la carrière de son père ; et le notariat, qu'il exerça pendant plus de vingt ans, ne lui apparut que comme une affectueuse magistrature destinée à concilier les intérêts et à maintenir ou à rappeler la paix dans les familles.

Il y a par delà quarante-sept ans, M. Varsavaux de Henlée, ému du mouvement de l'époque et des dangers de la France, accepta le périlleux honneur de concourir à votre administration. L'énergique activité de son zèle fut récompensée par une décoration qui ne devait être consacrée qu'en 1830. Alors ses aspirations d'ordre et de liberté lui parurent devoir se réaliser ; il en accepta l'espérance avec ardeur ; mais, toujours modeste et désintéressé, il refusa d'être le chef de votre administration municipale, si noblement et si paternellement aujourd'hui dirigée par ce vénéré Maire qu'environne une reconnaissance que nous transmettrons à nos enfants, et dont la présence confirme nos hommages et nos regrets. Il déclina encore l'honneur de diriger un département voisin. Cependant il ne put rejeter le vœu des électeurs qui l'appelèrent au Conseil général et à la Chambre des Députés. — J'aperçois parmi vous quelques-uns de ses anciens collègues; ils vous diraient mieux que moi les sympathies qui environnèrent le loyal caractère du député breton. Ennemi de la faveur, étranger à l'intrigue, travailleur ardent et intelligent, il était devenu légitimement puissant...... puissant pour défendre les droits méconnus, les causes justes et nationales. Son influence se prodigua partout et pour tous ; il n'en exclut que sa famille, dominé par un puritain scrupule qui devient aujourd'hui le plus noble héritage de ses enfants.

Lorsque M. César Varsavaux voulut se réfugier dans une retraite prématurée, il choisit l'une de ses terres du canton du Loroux. Là, son activité ne se ralentit pas; dans ce périmètre modeste, il devint l'hospice de toutes les douleurs, le consolateur de toutes les misères, l'abri de toutes les infortunes. Sa charité modeste autant qu'inépuisable savait glisser partout l'aumône du conseil, de la compatissance et de tous les secours:

Pour ma part, jamais je n'ai ressenti plus vivement l'avantage de représenter ce canton, dont il était, il y a quelques jours, le bienfaiteur. Il m'est permis, au moins, d'adresser en son nom l'hommage d'une immense gratitude. Je ne suis que l'écho d'une voix unanime. Ce canton s'en est séparé aujourd'hui avec un déchirement de tristesse. Il regrette de ne pouvoir conserver sa dépouille, comme il conservera sa mémoire.

Qu'il soit béni celui que tant de regrets accompagnent, que tant de dévouements honorent, et qui nous laisse comme une consolante compensation une famille environnée de l'auréole de la considération publique! Ce n'est pas seulement, Messieurs, un devoir que j'ai incomplétement rempli ; c'est aussi, et avant tout, un besoin de cœur auquel j'ai obéi. L'amitié de M. César Varsavaux m'avait trop honoré. J'ai peut-être usurpé l'expression de vos sentiments ; mais je lui devais le respectueux hommage de tous mes souvenirs.

Nantes, imp. de Vincent Forest et Émile Grimaud, pl. du Commerce, 1.